ACRES OF DIAMONDS

鑽石就在你身邊

魯塞・康維爾◎著
李毓文◎譯

晨星出版

親愛的朋友們：

這篇演講是在這樣的情況下產生的：每當我訪問一座城市或某個地方時，我都會提早抵達，然後先去會見當地的郵政局長、理髮師、旅社老闆、學校校長、教堂牧師，再進入工廠和商店與群眾交談，研究當地的環境和條件，了解他們的不自知的缺失——每個城鎮的居民都有不同的缺失。接下來我就會針對他們那些缺失發表演說，和居民談論適合當地的話題。《鑽石就在你身邊》所貫穿的主題向來都一樣，就是——與朋友一同努力，在現有的環境中發揮自我。

魯塞・康維爾

CONTENT

目錄

推薦序

回歸心靈探索，你就是最大的鑽石田

——蒲公英希望基金會董事長　魏悌香牧師

本書作者魯塞．康維爾列舉了許多令人扼腕的例子，藉此鼓勵人們要努力去找出隱藏在身邊的鑽石。有些人或許覺得委屈，我明明用了心，費了力，就是找不到鑽石啊？與其坐困愁城，不如到外面求得一線生機。

然而眞的盡力了嗎？眞的找遍了嗎？容易找到的就不叫鑽石了，有時候我們只是隨便撥弄一兩下，就想發現稀世珍寶，別忘了，要先眾裡尋他千百度，然後才能在驀然回首中，看到那人在燈光闌珊處。

其實最大的鑽石就是正向的思想，積極的觀念，以及永不放棄的決心……一個正向思考的人，會在失敗中看到成功的契機；一個觀念積極的人，會在挫折中找到希望的種子；一個永不放棄的人，會在沮喪中找到向上提昇的熱氣流；每個失敗、挫折、沮喪都是一把挖掘鑽石的好鏟子，幫我們挖得更深，掘得更廣。

人之所以偉大在於他本身的價值，你自己就是最大的鑽石田，回到心靈深處去認眞探索，並且勤於深耕，你將驚訝你所擁有及所發現的。人有無限的潛能，那不只是開發一杯水的七八分而已，而是用水管接到大水庫，領受從造物主而來，源源不絕的創意和無窮無盡的智慧。

現在就找一找在你身邊的鑽石吧！

關於魏悌香

心靈牧者——魏悌香，曾是一位成功的企業家，多年前放下企業家的身分，成為一位基督教牧師，並於一九九五年創立蒲公英協會，在社會各角落積極推動靈修默想，協助現代人回歸心靈平靜，體驗身、心、靈的和諧。

他運用多年的潛修心得，結集而成《心靈驛站》、《心靈妙語》（晨星出版）等智慧經典，膾炙人口。

前言

魯塞．康維爾的鑽石

一八六二年，也就是美國內戰的第二年，魯塞．康維爾還是剛進耶魯大學的新生。在國家的召喚下，他應徵入伍，成爲林肯軍隊的一員。還不滿二十歲，他就被任命爲陸軍上校。退伍後，他在陸軍上校的辦公室中學習法律，後來在奧爾巴法學院取得學位，成爲執業律師。

康維爾也從事寫作。他在一八六九年重訪內戰戰場和墓地，寫了一篇南部戰爭恐怖慘狀的報導，將稿子寄給新英格蘭的報社，結果獲邀成爲「波士頓夜行者」團體的成員，更重要的是，他成了《美國旅行者》（在波士頓出版的週刊）的通訊記者，開始他的環球旅行。

一八七〇年，康維爾騎著駱駝，與雜誌社的旅行隊，在美索不達米亞沿著底格里斯河和幼發拉底河之間的峽谷前進。一名嚮導在接待這支旅行隊伍時，爲他們講了一些故事。

當時只有二十七歲的康維爾，聽到一則關於波斯農民阿爾·哈菲德的傳說時深受感動。

有位佛教僧侶跟阿爾說了一個故事，阿爾聽了就受到誘惑，遺棄自己肥沃的土地，動身前往神秘的鑽石田尋找莫大的寶藏。他漂泊到很遠的地方，直到雙腳疼痛，疲憊不堪，青春和財富都揮霍殆盡，只剩下衰老和窮困。當所有的幻想破滅之後，他在遠離家鄉的地方死去。不久之後，竟然有人在阿爾的土地上發現不計其數的鑽石。

對一般遊客來說，這只不過是個迷人的傳說，然而它卻在康維爾的心中喚起一個偉大的信念，那就是：**「你渴望的鑽石並不在遙遠的山脈，也不在偏遠的海洋。只要你辛勤耕作，鑽石就在你身邊。」**

翌年，康維爾辛勤撒種，他開創許許多多的事業，並從中收穫良多。

康維爾三十六歲時在波士頓當律師，當時華盛頓附近有一座殘破不堪的教堂，居民都不知道該如何處置。基於與生俱來的樂觀與同情心，他為居民出主意。主張不要賣掉教堂，重新修建即可，居民因此委任他擔任那座教堂的首任牧師。後來在一位來自費城聽他講道的執事牧師的邀請下，一八八二年，他成為費城伯克摩文大街上新建的浸信會大教堂的牧師。從此他以大教堂牧師的身分，為當地居民服務了四十三年；他曾在文苑和蕭托誇社團做過許多激勵人心的演講，撰寫了多達四十本書，並為許多教堂譜寫聖歌、創建慈善醫院……所有這些事蹟都充分顯現出魯塞·康維爾的人道主義精神、卓越的遠見和組織的才華。

一八八四年的一個夜晚，在大教堂裡，有個年輕人來向康維爾請教學術上的問題，並透露想當基督教牧師的願望。康維爾於是同意每週挪一晚來指導他，然而到了約定的那晚，卻來了七個求知若渴的青年。這些人是屬於康維爾的「鑽石」，就在他的家中、他的社區裡，也在費城這個城市。

漸漸的，前來聽康維爾講課的學生愈來愈多，沒多久，任教的老師也跟著增加。如此一來，他們開始需要租用教室，後來更擴展到一、兩棟房子的場地。在短短的幾年內，學生的人數從七人增加到幾百人。一八八八年，TEMPLE大學取得了設立許可，康維爾當之無愧地被推選擔任校長，任期長達三十八年。

他著名的演講稿「鑽石就在你身邊」，使他成為美國頂尖的演說家。直到生命的最後，也就是一九二五年，他仍然在廣大的土地和城鎮之間演講，總共發表了六千場演說。有成百上萬的民眾曾在教堂、公共講臺，或者收音機旁聽過他的演講。直到今天，仍有許多人閱讀他那篇實用又樂觀的文章，或藉錄音帶傾聽他引人共鳴的聲音。

康維爾演講「鑽石就在你身邊」多達五千場次時，費城音樂學院授予他一把金鑰匙，以表達賓州人民對他的感激之情。

有兩所公立學校以他的名字命名，一所位在康維爾的居住地——麻州華盛頓區，另一所則位於費城。

費城校區行政大樓的東側頂端，有一尊康維爾的半身雕像，而哈里斯郡的賓州教育總部大樓的牆壁也刻有康維爾的名字，TEMPLE大學則有座康維爾禮堂。一九二二年，萬內斯會社頒予他「卓越貢獻獎」。

他獲得的最高榮譽是在一九二三年獲頒的賓州獎。這個獎項每年都頒發給該地最傑出的公民。

而今，魯塞．康維爾長眠於創建者花園，四周環繞著TEMPLE大學美麗雄偉的建築。TEMPLE大學本身就是一座永久的紀念碑，用以追念這位戰士、傳教者、作家、演說家、教育家、人類之友的天才與智者。那裡就是他的「鑽石之地」。

TEMPLE大學為作者所寫的墓誌銘

永遠挖不完的鑽石田

對青年人來說，這是一個極爲重要的課題。《鑽石就在你身邊》是一本激勵人心、充滿理性的書，與那些追求快速致富的書完全不同。作者告訴我們，成功是一種高尚的追求，如果能以高尚的行爲獲得成功，對人類的貢獻會遠比窮困時所能做到的多。魯塞．康維爾是位牧師，也是TEMPLE大學的創建者。他的演講稿〈鑽石就在你身邊〉，由他親自演說了六千多次，獲取四百萬美元的演講費（相當於現在的一點四五億美元）。康維爾用這筆錢資助許多窮困的高中畢業生上大學，因爲他無法忘懷自己讀大學時的艱辛歲月。

綜觀康維爾的一生，都在無我無私地奉獻，最後甚至在工作中逝去，享年八十二歲。他徹底挖掘並享用了自己的生命，爲鍾愛的事業奮鬥。他認眞努力，幾乎一天工作十六個小時，每週工作七天。

康維爾認爲，我們每個人之所以來到這個世界，全都是爲了一個目的——幫助別人。

他鼓舞了成千上萬的民眾和百年來的美國人。他們當中有許多人，僅藉著一條樸實的眞理，促使美國成爲日益強盛的國家，這個眞理即是：**一切美好的事物都在我們身邊**。時至今日，這位偉大的人道主義者所存在的時代雖已遠離，但本書的眞理卻依然受用。也許現在的成功機會不比康維爾當時多，但也不會比較少，因爲機會存在於人們的意識當中。身爲老師或父母的你，在教育孩子時應該好好利用這本書。

推薦語

〈鑽石就在你身邊〉是至今爲止最優秀的講稿，它向我們揭露發人深省的信條：如何從工作和學習中獲得回報，如何在自己的後院挖掘生命的富礦。

——本書英文版編者推薦語

〈鑽石就在你身邊〉，魯塞·康維爾曾對社會大眾演講過數千次，並用演講所得的經費創辦了一所大學，培植富有上進心的貧民。直到今天，我們仍可以從康維爾激昂且充滿哲理的語句中，吸取無盡的智慧。不論你的生命走向爲何，都將能從這篇激勵人心的講稿中，找到讓生命豐盈的眞諦。

——本書英文版出版者推薦語

你將從本書學到人生最簡單的眞理，藉此找到正確的成長路途！是的，這就是《鑽石就在你身邊》所要闡述的主題。裡面的內容是如此震撼人心，引用的故事更是生動神奇！你想要找到自己的鑽石嗎？

——美國新澤西州的讀者

你要不是贏家就是在自暴自棄！這就是這本小書所要傳達的信息。這篇作品雖然和我們不屬於同一個世紀，它所蘊含的思想卻依然鏗鏘有力，那就是：你只能在自己開墾的園地尋找翠綠的花草！

——M·阿勒格勒（美國領導中心專家）

你在思考為何生活不盡如意時，應該從自身和成長的環境找到答案。只要意識到這一點，你就能獲得想要得到的財富。如果你正在尋找成功的機會，希望擺脫痛苦的束縛，建議你閱讀這本書。

——K·馬修斯（美國加州聖地牙哥的讀者）

小時候，父親就要我看這本書，可惜當時的我並不能完全了解其中的含意。十五年後，我又重拾此書。它是如此鼓舞人心，照亮了我的心田。這是一本優良的著作，很適合正在人生的十字路口徬徨的年輕人，而且內容精簡，易於閱讀。我於是又買了一冊保存本，送給我的兒子。

——賓州的讀者

一則則十分簡單的故事，卻傳達了最鼓舞人心的成功信息。每個渴望成功的人都應當體認到，成功的種子就撒在你的身邊。沒有一篇演講稿能像它這般打動人心。

——W．威廉斯（美國威斯康辛州的讀者）

我非常喜愛這本書，還買了錄音帶來聽。這是一本你每次閱讀都會有嶄新體會的書。每當面臨徬徨不知所措時，我就會反覆閱讀此書，從裡面吸取無盡的力量。

——美國喬治亞州的讀者

1

哪裡可以找到鑽石

Where To Find Your Diamonds

一顆鑽石

是由一道陽光凝結而成的

A diamond

is a congealed drop of sunlight.

一八七〇年，我們沿著底格里斯河一路遊覽，還在巴格達找了一名年老的嚮導，由他帶領我們遊歷波西波里斯、尼尼微、巴比倫，甚至遠到阿拉伯灣的亞述古帝國遺蹟。嚮導對這一帶的人文風景十分熟悉，而且樂於取悅遊客，好像理髮師，會在理髮時不斷地說故事給你聽，這樣子你就不會太在意他在你頭上又抓又搓了。他一連跟我說了好幾個故事，令我不勝其煩，最後只好拒絕聆聽。他一開口，我就把臉撇向別處，這樣的舉動似乎令他十分生氣。

記得那天將近傍晚時，他突然摘下戴在頭上的土耳其小帽，在空中不停地揮舞。我不曉得他爲什麼要這麼做，但還是不願意看他一眼，以免又得聽他喋喋不休地訴說另一個故事。然而，儘管我不是好奇心很重的人，到最後還是忍不住轉過頭看他。就在我的視線落在那個可愛的嚮導身上時，他又逮住機會，對我說道：「我現在要告訴你一個故事，這個故事我向來只講給最要好的朋友聽！」他都這麼說了，我只好把自己當成他最要好的朋友，開始聽他講這個故事。直到現在，我一直都很慶幸自己當初聽了他這個故事。他說：

從前有一個波斯人，名叫阿爾．哈菲德，住在離印度河不遠的地方，他擁有一大片蘭花園、稻穀良田和繁盛的園林。他是個知足的人，而且十分富有——因為他很富有，所以他十分知足；正因為他很知足，所以他十分富裕。有一天，一位年老的僧侶來拜訪老農夫，就坐在阿爾．哈菲德的火爐邊，跟他說明眾人生活的世界是如何形成的。

他說，我們生存的這個世界在太初之時只是一團霧氣，有一天，上帝把祂的手指伸入霧中，緩緩轉動手指，並逐漸加快速度，終於把那堆霧旋轉成一個大火球，在宇宙中滾動，在其他宇宙迷霧中不停地燃燒前進。上帝又凝結了所有的熱氣，降下傾盆大雨，冷卻了滾熱的地表外殼。接著內部火焰衝破冷卻的地殼，形成了我們賴以生存的這個美好世界的高山河谷。當內部熔岩湧出地殼，迅速冷卻就形成了花崗石；冷得比較慢的就變成了銀，再慢一點的，則成了黃金；在黃金之後，才凝結成鑽石。老僧侶說：「一顆鑽石是由一道陽光凝結而成的。」

他說得非常篤定，我們都知道，每顆鑽石都會熠熠發亮。接著，僧侶又講述了另一個故事，也是我永遠不會忘記的。他說：

鑽石是上帝創造的最後一種礦物，是礦物中最高級的；女人是上帝創造的最後一種動物，是動物中最高級的。這就是為什麼鑽石與女人會如此相得益彰。

老僧侶告訴阿爾．哈菲德，如果他有滿滿一手的鑽石，就可以買下整個國家的土地。要是擁有一座鑽石礦場，他就可以利用這筆巨富的影響力，把孩子送上王位。

阿爾．哈菲德聽了這些有關鑽石和鑽石價值的話之後，當天晚上上床時，**就變成了一個窮人——不是因為他失去了一切，而是因為他開始變得不滿足**，所以他覺得自己很窮；也因為他認為自己很窮，所以得不到滿足。他想：「我要一座鑽石礦。」因此，他整夜都難以入眠。隔天一大早就跑去找那位僧侶。

僧侶一大早被叫醒，非常不高興。但哈菲德並沒有想到這一點，他滿不在乎地把僧侶從睡夢中搖醒，對他說：「你能告訴我什麼地方可以找到鑽石嗎？」

「鑽石？你要鑽石做什麼？」

「我想要擁有龐大的財富，」阿爾．哈菲德說，「但我不知道哪裡可以找到鑽石。」

「哦，」僧侶明白了，他說：「你只要在山裡找到一條穿流白沙的河，就可以在沙裡找到鑽石。」

「你真的認為有這樣一條河嗎？」

「多得很，多得很。你只要出去尋找，一定會找到。」

阿爾．哈菲德說：「我會的。」

於是他賣掉了農場，收回借款，把房子交給鄰居看管，就出發尋找鑽石了。

在我看來，他最初找的方向很正確。他先是去月亮山區尋找，然後到巴勒斯坦地區，接著又流浪到歐洲，最後他身上帶的錢都花光了，變得一文不名，衣服又髒又破。他站在西班牙的巴塞隆納海灣邊時，看到一道巨浪越過赫丘力士石柱湧來，這個歷經滄桑、痛苦萬分的可憐人，無法抵抗縱身一跳的誘惑，就隨著浪峰跌入海裡，終結此生。

那個老嚮導說完這個很悲哀的故事後，拉住我騎的那頭駱駝，又回去扶正另一頭駱駝背上的行李。我記得當時我滿懷狐疑：「他爲什麼只把這個故事告訴最知己的朋友？」這個故事似乎沒有開頭、沒有中間、也沒有結尾——什麼也沒有。我聽過或看過的故事中，從沒有像這一篇那樣，在一開始就把主角給殺了。這個故事才剛起頭，主角就死了。

嚮導走了回來，再度握住我騎的駱駝韁繩，繼續說下去。他說：

有一天，阿爾．哈菲德的繼承人帶駱駝去花園喝水，當駱駝把鼻子伸到花園那清澈見底的溪水中時，阿爾．哈菲德的繼承人突然發現，在淺淺的溪底白沙中閃爍著奇異的光芒，他伸手下去，摸到一塊黑石頭，石頭上面有一處閃亮的地方，發出彩虹般的色彩。他把這塊怪異的石頭拿進屋裡，放在壁爐的架子上，然後繼續去忙他的工作，便把這件事完全給忘了。

幾天後，那位告訴阿爾·哈菲德鑽石是如何形成的僧侶前來拜訪繼承人。他看到架子上的石頭發出的光芒時，立即奔上前去，驚奇地叫道：「這是鑽石！這是鑽石！阿爾·哈菲德回來了嗎？」

「沒有，阿爾·哈菲德還沒有回來，而且那不是鑽石，那不過是一塊石頭，我是在我家的花園裡發現的。」

「我只要看一眼，就知道是不是鑽石，」僧侶說，「這真的是鑽石！」

於是他們一起奔向花園，用手捧起溪底的白沙，發現了許多比第一顆更漂亮、更有價值的鑽石。嚮導對我說，這就是人們發現印度戈爾康達（Golconda）鑽石礦的經過。那是人類歷史上最大的鑽石礦，其價值遠遠超過南非的金百利（Kimberley）。英王皇冠上的庫伊努爾大鑽石（Kohinoor，106克拉），以及那顆鑲在俄皇王冠上的世界第一大的鑽石，都是在那座鑽石礦採到的。

我從這個故事中得到了美妙的啓示。這時嚮導再度從頭上取下他那頂土耳其小帽，用手在空中揮舞，藉以讓我記住這個故事，深思它所蘊含的教訓。

那些阿拉伯嚮導說的每一個故事都帶有人生教訓，雖然並不是每個故事都具有意義。

他說，假如阿爾．哈菲德能不貪、留在家鄉，挖掘自己的田地或花園，就不會在異鄉流浪、挨餓窮困，以至跌入大海而死。他原本就擁有「遍地的鑽石」。沒錯，後來證明那座花園的每一片土地、挖下的每一鋤，都能找到無數的鑽石與寶石，用來點綴許多國王的王冠。

聽完這個故事，思索它所蘊含的教訓之後，我終於明白嚮導爲什麼要把這個故事保留起來，只講給他「最知己的朋友」聽了。不過，我並沒有把自己的發現告訴那位阿拉伯老嚮導，也不打算告訴他，因爲那是一般阿拉伯老人的處事態度，就像律師總是會委婉地表達自己不敢直言的事情。在他看來，這個在底格里斯河遊覽的美國青年，最好待在美國的老家。我並沒有告訴他，我已經領會了他所要表達的意思。

一個人會窮困，
不是因為他失去了什麼，
而是因為他不知足。

A poor man—
not that he had lost anything,
but poor because he was discontented and discontented
because he thought he was poor.

2

鑽石就在你的腳下

The Diamonds Are Just At Your Foot

各式各樣的傻子中

最傻的莫過於在找到新工作之前

就冒然辭去舊有的工作

Of all the simpletons the stars

shine on there is none more foolish

than a man who leaves one job

before he has obtained another.

聽完嚮導的故事，我想起了另一個故事，接著就把這個故事講給他聽。

有個人在加州擁有一座牧場。一八四七年，他從報上得知，南加州發現了金礦，他就把牧場賣給蘇特上校，動身去尋找黃金。蘇特上校在農場的小溪上蓋了一座磨坊。有一天，他的小女兒從磨坊的水溝挖起一些潮濕的沙子帶回屋裡，把沙子灑在壁爐前使之乾燥。一個來訪的客人發現，當沙子從小女孩的手指間流瀉而下時，竟有些沙粒在閃閃發亮，那便是加州最早發現的純黃金。而那個一心尋找黃金的加州佬卻賣掉了這座農場，遠走他鄉，再也沒有回來過。

兩年前，我在加州發表這篇演講時，地點就離這座農場不遠。他們告訴我，那座金礦目前還在開採，而擁有農場三分之一股份的主人，不管他人是睡或醒，近幾年來平均每十五分鐘就能獲得價值二十美元的黃金。

也許有一天，你我都有這樣的機會，能夠獲得如此巨額的財富。還有許多這樣的故事，其中最好的一個例子發生在賓州。

有個人住在賓州，他在當地擁有一座農場，卻把它賣掉了。

如果我在賓州也有一塊土地，我可能也會像他這樣。

他在賣掉土地之前，先找到了一份工作，去加拿大替他表哥收取煤油後出售。加拿大先發現了煤油，這個農夫才決定去找住在加拿大的表哥謀一份差事。因此，各位可以看出來，這個農夫並不是傻子——在尚未找到其他工作之前，他不會輕易離開自己的農場。

在各式各樣的傻子中，最傻的莫過於還沒有找到新工作，就貿然辭去舊工作。這句話特別適用於我的同行，但想要離婚的人可能不適用。話說回來，

農夫寫信到加拿大，但他表哥回信說，他不能雇用他，因為他對煤油生意完全外行。農夫就說：「好，我會去了解。」於是他下定決心研究煤油的全部知識。他從第二天就開始潛心學習，從最原始的植物特性，一直研究到如何煉油，直到對這一行全部了解為止。然後，他寫信給表哥：「現在，我對煤油已經很了解。」他表哥就回信說：

「好極了，你就過來吧。」

根據當地政府的文獻記載，這個農夫將他的農場以八百三十三美元的價格出售。

他一離開農場，農場的新主人就立刻開始處理牛的飲水問題。他發現，前主人已把這件事處理妥當。有一條小溪從附近的山坡流下來，有一塊厚木板橫放在溪上，一邊比水面低幾英吋。前主人之所以用這種方式擺設木板，是因為要把浮在水面看起來很可怕的泡沫擋住，以免農場的牛不敢喝。

但前主人哪裡知道，那些可怕的泡沫就是煤油！也就是說，賣掉農場前往加拿大經營煤油的農夫，遺留下來的正是一口煤油井，會不停流出優質的煤油，連續流了二十三年之久。賓州的地質學家早在一八七〇年就估算出，這口井為該州賺進了一億美元。目前，農場的原址已建立了泰特斯維爾市市，而那口名叫普萊森特爾的油井仍然在冒油。

我要在這裡再度提醒各位，那個努力研究煤油知識的農夫，竟只以八百三十三美元賣掉了自己的農場，這筆錢太微小了，令我不禁想要說：「真是不應該！」

請容我再舉一個例子，地點是在麻州，很抱歉，因爲那是我的老家。

故事的主人離開麻州出外求學，他進了耶魯大學研究礦物。唸到大四時，學校以週薪十五美元，請他在課餘指導那些跟不上的學生。他接受了這份差事，當然也繼續自己的學業。畢業後，學校將他的週薪從十五美元調高到四十五美元，並聘請他擔任教授。他並沒有接受，而是立即回家對母親說：「媽，我不想做每週只有四十五美元的工作，像我這種頭腦的人，週薪四十五美元算得了什麼！媽，我們到加州去吧，只要我們挖到黃金，就會馬上變成富翁！」母親回答他：「不行，平靜而快樂的生活跟發大財一樣可貴。」

但由於他是個獨生子，母親最後還是屈服了——他們家向來如此。他們賣掉麻州的財產，搬到威斯康辛州。青年在一家銅礦業公司就職，仍然從一週十五美元起薪，如果為公司發現金礦，才能分得紅利。但他從來就沒有發現金礦，我還聽說他老家後來發生的事情。

他離開老家後不久，買下他房子的農夫出去挖馬鈴薯時，把馬鈴薯裝在大籃子裡，想從前門帶進屋裡。但門口兩旁的石牆靠得很近，把籃子夾住了。順便告訴各位，我們麻州的農場大多是用石頭砌牆。

農夫就把籃子放在地上，想費點力氣把籃子拉進屋裡。他先拉一邊，然後又拉另一邊，但籃子仍緊緊夾在門上。農夫最後用力把籃子拉進來時，突然注意到，上層台階的一塊石頭嵌著一大塊天然白銀！

而那位不願屈就四十五美元週薪的礦物學教授，在出售麻州老家這幢住宅時，就是坐在那塊石頭上和買主討價還價的。他從小就在這棟房子裡長大，在那塊白銀上來來去去，他的衣袖和褲管也曾在上頭磨擦，這塊石頭也似乎在說：「快來呀，快呀，快呀，我這裡有一塊價值幾十萬美元的白銀，爲什麼不把我挖走呢？」

那名青年卻不知道要把它取走。他在紐伯瑞港沒有找到白銀，他後來工作的地方也沒有金銀可挖，虧他還是個礦物學兼採礦學教授呢！

我想大家都清楚那個教授所犯的錯誤了，希望能引以爲鑑，別只是嘻笑聽過，糟塌了它。

3

你沒有權利當窮人
You Have No Rights To Be Poor

受過苦難的人能深深體會到

有些東西比黃金

更甜蜜、更尊貴、更神聖

而有常識的人也都知道

那些東西無不是用金錢來提升的

Well does the man know,

who has suffered,

that there are some things sweeter and holier and

more sacred than gold.

Nevertheless, the man of common

sense also knows that there is not any one of those

things that is not greatly enhanced

by the use of money.

今晚在座的一百個人裡，就有九十個人犯下同樣的錯誤。我可以說，你們都應該是富翁，你們沒有權利當窮人。身在費城卻不富有，眞是一種不幸，而且是雙倍的不幸，因爲你本來應該是富有的，現在卻淪爲窮人。費城有這麼多致富的機會，**各位都應該致富，而且也能夠致富**。那些有宗教偏見的人可能會質問我：「你怎麼可以不惜用自己的時間去勸告正在成長的這一代要費盡心機和時間去賺錢呢？一分錢、一塊錢地賺，這是多麼市儈的觀念呀！」

但是，我必須說，你們應該花時間讓自己富裕起來。你我都知道，有些東西確實比金錢更有價值。是的，當我們看到一座落滿秋葉的墳墓，就不免感到一種難以言喻的悲傷，所以我知道有某些東西的確是比金錢崇高。那些受過苦難的人就能深深體會到，有些東西比黃金更甜蜜、更尊貴、更神聖。然而，有常識的人都知道，那些東西無不是用金錢來大幅提升的。金錢不一定是萬能，但在我們這個世界，很多事情是離不開金錢的。

愛情是世界上最偉大的事情，但是擁有很多財富的情人能使愛情更加幸福，金錢確實具有這樣的力量。

一個人如果說「我不要金錢」，那等於是在說：「我不想爲同胞服務。」這種說法固然荒謬，但要斷絕這兩者的關係同樣荒謬。

我們擁有偉大的人生，當然應該花點時間去賺錢，因爲金錢能帶來某種力量。然而，宗教對這種想法有強烈的偏見，因爲有些人認爲，作爲上帝貧窮的子民，是無上的榮耀。現在我面前就有很多人持有這種想法。

我曾聽過一個人在祈禱會上說，他十分感謝自己是上帝的貧窮子民。我不禁在心裡默想，這個人的太太要是聽見先生這麼胡說，不知會有什麼感想？因爲她可能得幫別人洗衣服來維持夫妻倆的生活，而這個做丈夫的卻坐在走廊上抽煙。我不想再見到這種上帝的貧窮子民，我想上帝也不願意。因此，**如果某個原本應該很富有的人，卻因爲貧窮而懦弱無能，他必然犯了極嚴重的錯誤**。他不僅對自己不忠實，也虧待了自己的同胞。只要我們運用**正直**的方式去致富，我們就沒有理由不當富人，而這也是我們達到致富目標的唯一方法。

我記得幾年以前，有個年輕的神學院學生來我的辦公室對我說，他認爲這是他的責任，他必須前來和我「詳談」。我問他是什麼事，他說：

「我覺得我有責任來和你談談，先生，我要告訴你，書上明白記載著，金錢是萬惡之源。」我問他是在哪裡發現這句話的，他說是在《聖經》上面看到的。我問他，他是否自創了一本新的《聖經》。他說沒有，他並沒有新的《聖經》，而是在原有的《聖經》上看到的。「哎呀，」我說，「就算這句話也寫在我的《聖經》上，我卻從來沒有看過。能不能麻煩你拿本《聖經》來，讓我瞧一瞧？」

他離開房間，不久後就神氣活現地走回來，手上捧著一本攤開的《聖經》，還顯出一種心胸狹窄的教士常有的偏執與驕傲，從對《聖經》的誤解取得人生教訓。他把《聖經》放在我面前的桌上，尖聲說道：「就在這裡，你自己看。」我對他說：「年輕人，等你老一點以後，就會學到，你不能信任另一個教派的人念給你聽的《聖經》。你是另一個教派的，不如由你來替我念一段《聖經》，同時你要記住，你的學校最看重的就是對《聖經》的解釋。」他就拿起《聖經》念道：「喜愛金錢是萬惡之源。」他說對了。

《聖經》根源於人類的尊嚴與愛，是對宇宙最高心靈的敬重，你可以毫不畏懼地引用裡面的話，並將生命託付給它。

因此，當他直接引用《聖經》智慧時，他所引用的就是眞理。「喜愛金錢乃萬惡之源」。哦，正是如此。**喜愛金錢只是崇拜的手段，並不是目的。你如果沒有手段，就無法達到目標**。如果一個人只知道崇拜金錢，而不信仰需要金錢才能達到的目標，也就是說，他只知道當個守財奴，那麼金錢就是萬惡之源了。想想看，如果你有了錢，而且可以隨意動用，那麼你很快就可以捐錢給TEMPLE大學當基金。然而，朋友們，有些人卻指責你不該把時間用來賺錢，這是多麼矛盾的事。**我們應該致富，因爲有了錢就有力量**。

我想，我應該把這一層道理講得更清楚。我不僅要向你們灌輸應該富有的觀念，也應該告訴你們**如何才能變得富有**。我們對富人之所以持有偏見，主要是因爲有些關於他們的不實報導。人們之所以編造洛克菲勒先生的謊言，無非是因爲他擁有巨額的財產——而且有很多人相信。然而，我們看到的許多有關他的報導都是不眞實的。在現今這個社會，許多報紙企圖以聳人聽聞的報導來增加銷路，讓我們無法判斷哪些才是眞的。他們對富人所做的不實報導尤其可怕。在我看來，要把這件事說明白，最好的辦法莫過於看看目前報紙對費城所做的報導。

前幾天，有個年輕人來找我，對我說：「如果洛克菲勒眞如你所說的是個好人，爲什麼會有那麼多人說他的壞話？」原因是，他超越了我們，就是這麼一回事——**他超越了我們**。爲什麼安德魯．卡內基先生遭到那麼嚴厲的批評？因爲他擁有的遠比我們多。如果某人知道的比我多，我會呆呆坐著而不去批評他所知道的事情嗎？如果某人站在講台上向數千人傳道，而我的教室裡只有十五個人，而且聽課時都打瞌睡，難道我會不去詆毀他嗎？我們通常都會對比我們優秀的人做這種事。你批評的那個人擁有一億美元，你身上卻只有五毛錢，這就是明顯的對比。

有一天，一個大富翁來找我，對我說：「你看到報紙上那些有關我家族的不實報導嗎？」

「當然了。我一看，就知道那些報導是一派胡言。」

「他們爲什麼要編造那樣的謊言?」

「嗯,」我對他說,「如果你開張一億元的支票給我,我可以把那些謊言連同支票一起帶走。」

「哦,」他說,「他們這樣詆毀我的家人和我,我實在看不出有什麼道理。康維爾,你能不能坦白告訴我,美國人對我有什麼看法?」

「好吧,」我說,「他們認爲你是世上有史以來心肝最黑的壞蛋!」

「我該怎麼辦呢?」他似乎對這件事無可奈何,因爲他確實是一個虔誠的基督徒。

如果你有了一億美元,那些跟你有關的謊言就會糾纏著你,你就可以從那些和你有關的謊言中判斷出自己成功的程度。

4

你最需要的是常識
What You Need Most Is Common Sense

供應「大家所需要的東西」

這個原則完全適用於所有行業

只要向世人提供他們所需要東西

成功必然到來

We must know what the world needs first

and then invest ourselves

to supply that need,

and success is almost certain.

我告訴人們應該努力致富之後，就不斷有年輕人來找我說：「我很想做生意，但一直辦不到。」

「爲什麼辦不到？」

「因爲我沒有資本創業。」

資本，創業的資本？年輕人，你住在費城，看看這裡的大富翁吧，他們全都是從窮小子爬到今天的地位，而你竟然要創業的資本！我認爲你非常幸運，因爲你沒有資本。我很高興你沒有錢。我十分憐憫那些有錢人的孩子。在我們現今的社會，有錢人的孩子處在一種不進則退的情況下，註定要受人憐憫。有錢人的孩子無法體會到人類生命中最寶貴的東西。麻州的統計數字告訴我們，十七個有錢人的孩子裡面，竟然沒有一個在離開這個世界時還是富翁。他們在富裕的環境中成長，卻死於貧窮。即使富人的兒子有幸保住了父親的財富，也無法體會到生命中最寶貴的東西。

我們學院有一名年輕人要我告訴他，**什麼是人的一生中最快樂的時刻**。我對這個問題研究了很久，最後才得出結論。我認爲，在人們所經歷的世俗事物中，最快樂的一刻就是年輕人抱著他的新娘跨過他賺錢買來的房子門檻，然後面對新娘，以一種比我高明千百倍的口吻對妻子說：「親愛的，我親手賺到這棟房子，這一切都是我自己賺來的，全都是我的，我願意與你分享。」這是人類所能見到最偉大的一刻。但富家子弟無法體會這一點。他可能會帶著新娘住進更漂亮的豪宅，但是參觀這棟房子時，他只能說：「母親給了我這個，母親給了我那個，父親給了我這個，父親給我了那個。」說到後來，他的妻子可能會希望她嫁的是他的父親。

哦，我多麼同情那些富家子弟！他們只會揮霍金錢，卻不得善終。你有沒有見過富家子弟沉溺在亞特蘭大的賭場裡？我就見過一個敗家子，而且印象深刻。我當時在尼亞加拉瀑布發表演講，講演完後就回到旅館。當我走近櫃檯時，發現那裡站著一個來自紐約的百萬富翁的兒子。他簡直是個難以形容的無用之人。他腋下夾著一支金柄手杖，依我看，那支手杖頂端的「頭腦」裝的東西都比他的頭腦多。我想我無法正確描述這個年輕人，就算我努力嘗試也沒辦法，但我還是要說一說。他戴著不透明的眼鏡，穿著令他無法走路的漆黑皮鞋，另外還穿著一條令他無法坐下來的長褲——他穿得像隻蚱蜢！

巧合的，就在我走進去時，那個人類蟋蟀也來到櫃檯前。他扶了扶那副連眼前景物都看不見的眼鏡，口齒不清地對櫃檯職員說：「天（先）生，天（先）生，能否罵（麻）煩你給我一些信主（紙）和信轟（封）！」職員迅速打量了他一眼，然後打開抽屜，取出一些信紙和信封，一把丟在櫃檯上，就轉過頭去看他的書。

那些信封信紙丟到櫃檯上時，你可以想見那個人類樣本的表情！要知道他想要什麼東西，向來都是由僕人雙手奉上的。他又調整了一下他那副看不見的眼鏡，對著那個職員的背大叫：「回來，天（先）生，回來這裡。天（先）生，能否請一個佛（服）務生來，把這些信主（紙）和信轟（封）拿到那邊的桌上。」哦，那眞是一隻可憐、可悲又無用的美國大猴子。他竟然沒法子把信封和信紙拿到二十尺外的地方。我猜想，他恐怕連自己的手臂也放不下來。對於這種人類的殘渣，我毫不同情。因此，如果你沒有資本，我很替你高興。**你不需要任何資本，你所需要的是常識，而不是金錢。**

A.T.斯圖沃特是紐約的大商人，也是那個時代最富有的美國人，他年輕時卻是個窮小子。他只有一元五角，就去商界闖天下。他剛開始做生意時，就用他僅有的那一元五角當資本，卻一下就損失了八角七分五厘，他用這點錢買了一些針、線和鈕扣出售，但人們並不想要這些東西。

你是否很窮？是的，那是因爲你的東西沒有人要，只好留在自己手中賣不出去。這是一個很重要的教訓。你隨時都可以應用，不管你是年輕還是年老。斯圖沃特不知道人們需要什麼，他買了一些人們並不需要的東西，結果賣不出去，只好虧本了。不過，斯圖沃特也因此學會了他商業生涯中一生受用的教訓。他說：「從那以後，我不再先買進任何東西。我一定要先了解有人想要買什麼東西，才去進貨。」他於是挨家挨戶去問他們需要什麼東西，等他知道人們需要什麼東西了，才將剩下的六角二分五厘投資下去，供應「**大家所需要的東西**」。

在我看來，不論你從事哪種行業，也不管你是律師、醫生、家庭主婦、教師或其他什麼人，都適用這個原則。**我們必須先知道這個世界需要什麼，然後才去投資。只要提供給世人他們所需要的東西，成功必然到來**。斯圖沃特就是根據這個原則，而且堅定不移，最後終於擁有四千萬美元的資產。也許你會說：

「在紐約可以做到這一點，但在其他地方就不行了。」

一八八九年，紐約市政府從各種管道獲得的數據顯示，當時紐約有一百零七名財產超過一千萬美元的富翁。這很令人心動，很多人就在想，他們應該去紐約賺錢。但事實上，在那一百零七位千萬富翁中，只有七人是在紐約發跡的，其餘的一百位都是在外地發財之後，才搬去紐約住的。更讓人難以置信的是，其中有六十七人是在人口不滿六千人的小鎮上發財的。你們能否想到，當時全美國最富有的那個人，就住在一個只有三千人的小鎮上，而且一直住在那兒，從未搬到別處去。因此，**重要的是你自身的條件，而不在於你住在什麼地方**。城市太大反而沒有發展機會。請記住，賺進百萬美元的大機會是潛藏在較小的地方。

關於這點，我可以舉出一個最恰當不過的例子。約翰·雅各布·阿斯特在年輕時也是個窮小子，最後卻替阿斯特家族賺得了無盡的財富。他所賺的錢遠遠超過他任何一個祖先。他一度擁有紐約一家女帽店的抵押權，由於原來的店主調不到足夠的錢支付利息和租金，約翰就取得了這家女帽店，並和原來那位失敗的店主合夥經營，他只是持有股份，並沒有給那個店主半毛錢，只是要店主單獨看店，他自己則跑到公園找張椅子坐下來。他就坐在公園的那張椅子上，進行這項合夥生意中最重要——在我看來，也是最愉快——的部分工作。他坐在那裡打量著來來往往的女士，思索那個店主之前爲什麼會失敗。這時，一名女士從他面前走過，她雙肩向後，頭抬得高高的，彷彿並不在乎是否整個世界都在看她。他於是開始研究她頭上那頂軟帽。那頂軟帽還沒有從他的視線消失，他就已經看清楚並記住了那頂軟帽的形狀、顏色及花邊的模樣。有時候，我也曾試著描述女人所戴的軟帽樣式，但沒多大用處，因爲到第二天晚上，那頂帽子的式樣就落伍了。

在公園裡打量那頂軟帽後，約翰就回到店裡，對那個店主說：「現在請你在櫥窗裡擺一頂和我所描述的一模一樣的軟帽。」他說，「因爲我剛剛看到一個很喜歡這種帽子的女士。在我回來之前，不要擺出其他式樣的帽子。」說完，他又走了出去，在公園裡找張椅子坐下。不久，又有一個不同身材、膚色的女士從他面前走過，當然，她戴的帽子顏色和形狀也很獨特。於是，他又回到店裡對合夥人說：「現在要擺出這樣的一頂帽子。」

以前他是絕不會在櫥窗裡擺著他看過別人戴的帽子。

從此之後，他櫥窗裡擺的帽子絕不會讓顧客看了就掉頭走掉，原先的店主也不用因爲顧客都跑到別間店裡而躲在店後號啕大哭。

特別是在我們的城市裡，有很多機會生產不同的商品，而且工廠股東和員工的界限劃分得很清楚。還有，朋友們，目前美國也出現了一種令人沮喪的憂鬱氣氛，工人們開始感覺到，他們被頭上一種硬殼罩住了，一直無法突破，而那些僞君子老闆卻高高坐在他們的頭上，不肯下來幫助他們。這就是我們同胞的想法。

但是，朋友們，在我們這個國家的歷史上，窮人致富的機會，絕對不會比目前在費城的機會大。他們覺得喪氣，這就是他們無法致富的眞正原因，事情就是這麼一回事。道路是暢通的，讓我們打通窮人與富人之間的橋樑吧！我知道工會有兩個大問題要解決，而解決的辦法只有一個。工會跟今天的資本家一樣，同樣在極力避免解決問題，而這顯然是同一個問題的兩面。工會有兩個困難，第一個是，工會開始一項計畫，把每一階層的勞動者都放在同種標準上，把每天能賺五美元的工人降薪爲每天二點五美元，以便將他和一天賺不到零點五美元的低能工人置於同等的地位。對工人而言，這是最危險，也是最令人洩氣的事了。

他的工作做得比其他人好、從事更高階的工作或是工時比較長，卻無法得到應有的報酬。這是很危險的。爲了使每個工人獲得自由，使每個美國人和其他美國人完全平等，**應該要讓工人要求他所能接受的報酬，並讓他獲得這個報酬**——而不是讓任何一個雇主對他說：「你應該替我工作，但你只能得到你所應得的一半報酬。」也不能讓任何一個工會組織說：「你應該替雇主工作，但你只能得到你所應得的一半報酬。」

只有做一個眞正的、獨立的人，工人們才會發現，他們只要去爭取，從貧窮通往富裕的道路是通暢的。

工會的另一個困難是他們必須自己去考慮，也是他們必須自己去解決的，那就是**如何面對向他們談論富人壓榨窮人的演講者**。我可以在夢裡重述我在這種情況下屢次聽到的這類演講辭。

我的一生都和工人在一起，自己也當過工人。我經常在工人的生產線上，聽到工會邀請的演講者的演說。演講者站在忠厚老實的工人面前，開口說道：「各位誠實的工業界工人朋友們，你們爲這個世界提供了最大的資本，你們建造了所有的宮殿，興建了所有的鐵路，使輪船行駛於海上。各位工人朋友們！你們只不過是奴隸，你們被雇主壓在塵土上，他們卻高坐在半空，在他們美麗的別墅裡享樂，他們的保險櫃裡裝滿了黃金，他們所擁有的每一塊錢，都是壓榨你們這些誠實的工人得來的。」這就是工人們時常聽到的那種演講，告訴人們雇主是如此貪婪，而工人們是如此遭受奴役。

噢，這類演講我們時常可以聽到。那些深愛自己國家人們深信，我們的原則是要透過適當的溝通方式使工人與雇主產生聯繫。

我們必須先知道這個世界需要什麼，
然後再進行投資。

We will never buy anything more until I first learn
what the people want；
then we’ll make the purchase.

5

偉大就是簡單

The Greatest Is Just The Simplest

偉大的發明家就是那些

簡單而平凡的人，

他們能看出每個人的需求

並下定決心去滿足他們的需求。

The great inventors are ever the simple,

plain, everyday people

who see the need

and set about to supply it.

假設我走到台下的聽眾席，請你們介紹一位城市的大發明家，你們可能會說：「發明家？這裡哪有什麼發明家。發明東西太困難了。」但實際上，我們這個城市確實有許多偉大的發明家，而且就在現場的聽眾席中。他們可能曾發明了某種機器。最終能以發明來嘉惠全世界的最偉大發明家，說不定就是某位認爲自己不可能懂發明的男士或女士。

你們可曾研究過發明史？一旦你接觸過這些資料，就會發現一件很奇怪的事：最偉大的發明家事先並不認爲自己將來能夠成爲發明家。誰是偉大的發明家？他們不過是這類型的人：滿懷痛苦、直率的常識，注意到世界上的某項需求，並立即投注全部心力去研究。如果你想發明任何東西，不要憑空猜想，或是用工具去拼湊。你首先要**找出人們需要什麼**，然後去迎合需求，這將使你發明出以前不曾想到的東西。偉大的發明家都是單純的偉人。**一個人愈偉大就愈簡單；一個人愈簡單就愈偉大；一種機器愈簡單就愈有通用性，也愈有價值**。

你們可曾認識眞正偉大的人物？你們會發現他們單純、平易近人，生活樸實。你會認爲，任何人都能做好他的工作。如果你眞的遇上某位偉大人物，假設他正好是你的鄰居，你可以直接朝他走去，與他打個招呼：「你好，吉姆！你早，山姆。」是的，你完全可以這樣做，因爲他們是如此單純。

我在撰寫美國第二十任總統加菲爾德將軍的生平時，他有個鄰居帶我去他家的後門，大聲叫道：「吉姆！吉姆！」「吉姆」很快就來到門邊，開門讓我進去。瞧瞧，這個人就是本世紀偉大的人物之一——加菲爾德將軍。世上其他的偉人也是如此。有一次我前往佛吉尼亞州的一個教育機構，經人指點，走到一位正在剪樹枝的男士旁邊，向他打聽道：「請問我可以拜見羅伯特．李將軍嗎，也就是這所大學的校長？」他平靜地回答：「先生，我就是李將軍。」確實，當你遇見這樣一位人物——如此高貴的人物時，你會發現，他眞是單純、樸實。**偉人通常都非常謙遜，偉大的發明也很簡單**。

有一次，我在學校詢問學生，誰是偉大的發明家，一個小女孩立即起身說：「哥倫布。」

她說得沒錯。哥倫布曾經買下一個農場，並親自經營，如同我經營我父親的農場一樣。有一次，他拿著一把鋤頭走出去，坐在一塊石頭上，眺望遠方廣闊的海洋。他注意到，船向外海駛去時，駛得愈遠，船身就愈往海面下「沉」落，而當時也正好發生了一些西班牙船沉到海裡的事件。哥倫布發現到，船上桅杆的頂部會逐漸下沉，直到完全看不見時，他領悟道：「那就像這把鋤頭柄，如果你繞著鋤頭柄走一圈，你走得愈遠，就愈往下沉。嘿，看來我可以繞著地球航到東印度去。」你瞧，哥倫布做出航行的決定是如此簡單。這位偉人的頭腦就是如此簡單——如同一座高山，即簡單又雄偉。你應該可以了解誰是偉大的發明家了？就是那些簡單、平凡的人。**他們能夠看出每個人的需求，並下定決心去滿足他們的需求**。

有一次，我在北卡羅萊納州演講，有個銀行出納坐在戴著一頂大帽子的女士後頭。我對在座的聽眾說：「財富已經離你們很近了，它現在就在你們眼前。」這個出納低聲向身邊的朋友說：「好極了，我的財富就在那頂帽子裡。」過了一會兒，這個出納寫信給我，我回覆道：「**只要人們有某種需求，那裡就蘊藏著比任何礦場還豐盛的財富**。」他領會了我的含意，擬了一個生產帽子別針的計劃，那種別針比他前面那頂帽子好，並開始投入生產。有人出價五萬兩千美元購買他這項專利。啊，這人還未走出我演講的大廳，就已經交上了好運。

因此整個問題的關鍵在於：**你看到需求了嗎？**

我記得很清楚：

我家鄉的山區裡有個老人是個窮光蛋，過去二十年，因為太窮了，一直在接受鎮上的救濟。他家有一棵枝葉茂盛的楓樹，楓樹寬廣的枝葉籠罩著窮人的屋子，就像是上天對他的特別恩惠。

我一直記得那棵樹，因為每年春天，窮人會把一個水桶放在楓樹的缺口下方，接住楓樹的汁液，用來製糖。我還記得很清楚那個水桶是放在什麼地方。在我年幼時，附近有一群瘦巴巴的淘氣小孩。每天早上在那老人還沒起床之前，或是在晚上那老人上床以後，那些小孩子就跑到楓樹底下，將那些甜甜的楓汁全部喝光。我敢發誓，他們真的是這樣做的。

老人因此無法從楓樹製出許多楓樹糖。不過有一天，他卻做出了白皙美麗的結晶糖。

去他家拜訪的人不敢相信那是楓樹汁製成的，因為他一直以為，楓樹糖應該是紅色或黑色的。這個人就建議這名老兄：「你為何不把楓樹糖全都製成這樣，然後賣給糖果店？」老人採納了他的建議，製成「楓糖塊」，而且銷路很好。在他的專利權過期之前，他總共賺進了九萬美元，並在那棵楓樹的所在地建造了一幢漂亮的房子。

他是在擁有那棵楓樹四十年之後的早晨，才猛然發現那棵楓樹能帶給他莫大的財富。

我們之中有很多人擁有楓樹，我們一直佔有並利用它，卻不知道它的價值，因爲我們沒有看出他人的需求。在各種發現與發明當中，這是人類生命中最富浪漫氣息的。

我曾接到來自美國和英國各地的信，這些信都在述說他們發現了什麼。有個俄亥俄州的先生在去年春天帶我去參觀他的大工廠，他說建造這座工廠花費了六十八萬美元。

他說：「在聽你的演講時，我還是個一文不名的窮小子，但是我決心不再窮苦下去，決定要發財，這就是我後來努力的成果。」他向我展示了他的財產。

近幾年來，我在美國各地演講，經常碰到這種事情。我舉出這個例子，並不是爲了吹牛，而是在告訴你，**只要你願意，你也可以獲得同樣的成功**。幾年以後，你也可以走到我面前，向我展示：「這就是我所獲得的成功！」

誰是大發明家？我記得有一個很好的實例：

有一個人住在麻州的東布魯克菲德，他是個鞋匠，失業後，一直在家裡閒著，後來他太太忍不住了，要他「滾出去」。他就像法律所規定的，聽從了太太的指示。他走出家門，在自家後院的垃圾箱坐下。想想看，他困在一個垃圾箱上，「敵人」卻佔領了整棟房子！他坐在那裡，低頭望著腳下穿過後院流入草地的溪流。他看見溪中有一尾小鱒魚躲在岸邊，努力沿著溪流往上游。

我想這個人此時一定沒有想到泰尼遜那首優美的詩歌：

嘩啦、嘩啦……

我一直流淌，

匯入那溢滿的河流，

人們來之即去，

我卻永不停息地流淌。

他看到溪中的鱒魚後，立即從垃圾箱上跳進溪裡，用雙手抓住那尾鱒魚，將它送到烏斯特（麻州中部的城市）。那邊給他回信說，如果他能夠再抓到一尾那樣的鱒魚，他們會寄給他一張五美元的鈔票。當然鱒魚並不是真的那麼值錢，而是他們想幫助這個窮人。得到回音後，鞋匠和他的妻子（他們現在已經很和睦了），心裡想著即將到手的鈔票，便一起出去抓鱒魚。他們沿著小溪往上走，一直走到溪流轉進大河流，卻一直看不到另一隻鱒魚。他們很失望地走回家，然後去見牧師。儘管牧師對鱒魚的繁殖一無所知，還是指引他們一條道路。他說：「去找一本魚類養殖的書，你們就會得到想要的一切。」這對夫婦就聽從他的話，果然找到了養殖鱒魚的資料。他們發現，鱒魚每年會產下三千六百個卵，一隻鱒魚每年會長到零點二五磅重。因此，四年後一隻小鱒魚每年可以生產四噸重的鱒魚。將它們送到市場上出售，每磅可以賣到五毛錢。他們看到這些資料後，並不相信真有這回事，只是心想每尾魚能賣到五塊錢就太好了。於是，他們用煤炭篩和紗窗放在小溪兩頭，開始在自家後院養起鱒魚來。他們後來搬到休士頓去住。從那個時候起，他逐漸成為美國魚類養殖業的權威，以及華盛頓「美國魚類委員會」的第二號人物。

我舉這個例子同樣是爲了表明：此人的財富在他自家後院已經存在了二十年，他卻都不知道，直到太太把他趕出家門的那天他才發現！

我記得曾經接待過麻州辛哈姆一名可憐的木匠，他不但失業了，還窮得一文不名，因而被妻子掃地出門。

他坐在海灘，無奈之餘，把一塊浮木削成一串木項鍊。到了傍晚，他兩個孩子都搶著要這條項鏈，他於是削起第二條。一個鄰居正好經過，對他說：「你有這麼好的手藝，雕出這麼漂亮的項鍊，爲什麼不去做些玩具呢？」他說：「我不知道該做些什麼玩具。」這就是問題的關鍵。鄰居對他說：「你何不問問你的孩子？」他說：「那又有什麼用？我的孩子和別人的孩子又不一樣。」哎，我在學校教書時，就經常碰到像他這樣的人。第二天早晨，他的兒子從樓上下來時，他問：「山姆，你想要什麼樣的玩具？」「我要一輛手推車。」然後他的小女兒也下來了，他又問她想要什麼玩具，她說：「我要一個洋娃娃的洗臉盆、洋娃娃的推車、洋娃娃的雨傘」，還說了一大堆東西，他可能要一輩子才做得完。木匠就在自己的房子裡，依照孩子的需求製作玩具，只是爲了讓他們高興。

他用小刀做工具，就這樣做出後來聞名全美國的「辛哈姆玩具」。他現在已是整個新英格蘭州最富有的人，而他財富的來源不過是從孩子那裡問來的意見。因此，你用不著走出家門，就知道應該發明什麼，或是製造什麼。每當我談論這個話題時，我就會情不自禁的講個不停。

我們應該告訴人
不管一個人的職位多麼低微
只要他善盡職責
就值得他人敬重
如同國王得享尊榮

We ought to teach that however
humble the station a man occupy,
if he does his full duty in his place,
he is just as much entitled to people's honor as
is a king upon a throne.

6

你也可以成為大人物

You Can Be A Great Man

人之所以偉大在於他本身的價值

與他碰巧獲得的職位無關

Men are great only on their intrinsic value,

and not on the position they may

incidentally happen to occupy.

我很榮幸今晚能在這裡會晤一些大人物，儘管你們會說這個城市沒有什麼大人物。各位都說，大人物皆出身於倫敦、舊金山、羅馬或其他城市，就是不會來自本地。然而，事實上，我們這裡的大人物和其他城市一樣多。在座的聽眾裡就有許多大人物，有男有女。

我之前說過，大人物都十分單純，因此這裡的大人物和其他城市一樣多。在判斷一個人是不是大人物時，我們會犯的最大錯誤就是，我們總是認爲大人物都擁有一間寬敞明亮的辦公室。但是我要告訴你們，這個世界根本還不懂怎樣的人是世上最偉大的。

那麼誰才是世上的大人物呢？青年男女可能會急於提出這樣的問題。大人物不一定要擁有辦公室，但一般人並不這麼想。學校裡也是這麼教導學生的，所謂的大人物就是那些在高樓大廈設有辦公室的人。毫無疑問的，我們應該馬上改變這種觀念，消除這種偏見；我們必須教導學生，人之所以偉大是在於他本身的價值，與他碰巧獲得的職位無關。不過，請不要責備那些位居某種公職便以爲自己將成爲大人物的年輕人。

我請問在座者，你們有誰打算做個偉大的人物？有個年輕人說：「我打算做一個偉大的人物。」我問他：「你想在什麼時候成為一個大人物？」他回答：「當我擔任某種公職的時候。」你還不明白嗎，年輕人？根據政府組織和形式，公職並不特別了不起，這已是不容爭辯的。民有、民治、民享的政府，一切以人民為主，而不是以官員為主，如果國民能夠行使應有的治理權，公務員就不過是人民的公僕。

在這個國家，人民才是主人，公務員永遠不會比人民偉大。他們應該是人民誠實的僕人，而不是我們的偉人。年輕人，記住，你們從不會聽說有哪個偉人擔任過政治職務，偉人無不是在犧牲自己的利益為國民著想的。如果讓每個偉人都去擔任公職，那將會造成嚴重的損失。請將這句話牢記在心：年輕人，你無法靠著政府的揀選而成為大人物。

另一個年輕人說：「我總有一天要成為這個城市的大人物。」「真的嗎？你打算在什麼時候實現這個心願？」「在發生另一場戰爭的時候。我會在槍林彈雨中衝鋒陷陣，從旗杆上扯下敵人的旗幟。我將在胸前掛滿勳章，凱旋歸國，擔任政府褒獎我的公職，我將成為偉大的人物！」「不，不會的！不，不會的，年輕人，你這樣做並不是真正的偉大。」但我們不應該責備這名年輕人。他在高中時就是受到這樣的教導影響，那些擔任官職的人都曾經英勇地參戰。

我記得，美國和西班牙戰爭剛結束時，我們這座城市有過一次和平大遊行。人們告訴我，遊行隊伍走上布洛街時，有輛馬車在我家大門口停下，坐在馬車上的人是霍布森，所有人都把帽子往上拋，揮舞著手帕，大聲的叫：「霍布森萬歲！」如果我當時在場，也會這樣大叫，因為他應該獲得很大的榮耀。但是，假設我明天到高中課堂，問大家：「各位小伙子，是誰擊沉了梅里馬克號？」如果他們回答：「是霍布森。」那麼他們的回答是八分之七的謊言，因為擊沉梅里馬克號的共有八人，另外七個人因為職位的關係，一直暴露在西班牙的炮火攻擊下，而霍布森身為軍官，很可能是置身於炮火之後。

我的朋友們，今晚在座的聽眾都是知識分子，但我敢說，你們裡面沒有一個人說得出和霍布森在一起的另外七個人是誰。

我們為什麼要用這種方式來教歷史呢？我們必須教導學生，不管一個人的職位多麼低微，只要善盡職責，美國人民頒給他的榮耀，應該和頒給一個國王一樣多。

一般人教導孩子的方式和紐約母親教她小兒子一樣，她的小兒子說：「媽媽，那棟高大的建築物是什麼？」「那是格蘭特將軍的墳墓。」「格蘭特將軍是什麼人？」「他是平定叛亂的人。」歷史怎麼可以這麼教呢？

各位請想想，如果我們只有一名格蘭特將軍，戰爭打得贏嗎？哦，不會的。那麼，爲什麼要在哈得遜河上面造一座墳墓？不是因爲格蘭特將軍本人是個偉大人物，墳墓之所以建在那兒是因爲他是個代表人物，代表了二十萬名爲國捐軀的戰士，而其中許多人和格蘭特一樣偉大。這就是那座美麗的墳墓聳立在哈得遜河的眞正原因。

我記得一件事，可以用來說明這種情況，這也是我今晚所能想到的唯一例子。這件事令我很慚愧，無法將它忘掉。我現在把眼睛閉上，回溯到一八六三年，我可以看到位於伯克郡山的老家，看到牛隻交易會上擠滿了人，還有當地的教堂和市政廳也都擠滿了人。

我聽到樂隊的演奏，看到國旗飛揚，手巾迎風招展。我對當天的情景記憶猶新。人群是來迎接一連士兵的，而那連士兵也正在列隊前來。他們在內戰中服完一期兵役，又再延長了一期，現在正受到家鄉父老的歡迎。我當時只是個年輕小夥子，但我是那一連的連長。在那一天，我洋洋得意，像個吹足了氣的氣球——只要一根細細的針，就可以將我扎破。我走在隊伍前方，我比世上任何一個人都驕傲。

我們列隊走入市政廳，他們安排我的士兵坐在大廳中央，我則在前排座位上坐下，接著鎮上的官員列隊從擁擠的人群中走出。他們去到臺上，在臺上圍成半圓坐下，市長隨後在那個半圓中央坐下。他是個老人，頭髮灰白，以前從未擔任過公職。他認爲，既然他擔任公職，他就是一個偉大的人。當他站起來時，他首先調整了一下他那副很有分量的眼鏡，然後以無比威嚴的氣勢環視台下的群眾。突然，他的眼光落在我身上，接著這個好心的老人走向前，邀請我上臺和那些鎮上的官員坐在一起。

邀請我上臺！在我從軍之前，沒有一個市府官員注意到我。有件事是我現在不該說的，臺上有個市府官員曾建議我的老師把我當掉。但我還是應邀上臺，和那些官員坐在一起。

我坐在臺上，讓我的佩劍垂到地板上。我雙手抱胸，等待歡迎，覺得自己像是拿破崙五世！驕傲總在毀滅與失敗之前出現。等我坐下後，大廳裡的所有人立即肅靜下來，四周寂靜無聲。「行政委員會」主席站了起來，以極嚴肅的姿態走到講臺前。大家都認爲他將介紹鎮上的牧師給大家，因爲牧師是鎮上唯一的演講者，他將代表鎮民發表演說，歡迎我們這批凱旋歸來的軍人。但是，朋友們，你們能否想像當時在場民眾那種驚訝的神情，因爲他們發現，擔任市長的老農夫決定自己來致歡迎詞。他從未發表過任何演說，但他犯了和別人一樣的錯誤，以爲官銜可以使他變成演說者。

他早就寫好了一篇演講稿，在牧場裡走來走去，大聲朗讀，直到完全記住。他這些舉動想必把牧場裡的牛群嚇了一大跳。稿子背完以後，他把講稿放在口袋。現在他從口袋裡把它拿了出來，小心翼翼地在講桌上攤開，然後又調整了一下眼鏡，以確定能夠看清楚講稿上的字。他先往講臺後退了幾步，然後再走向前。他一定很用心地研究過講稿，因爲他採取了演說家的姿態，將身體的重心放在左腳跟上，右腳輕輕向前移，兩肩往後縮，然後張開口，以四十五度的角度將手伸出。他就以這種演說家的姿態站在台上發表演說，眞的是這樣。有朋友問我是否說得太誇張了，但我告訴他們，我絕不誇張，他就是以那種姿態演講的。不過，我今天不是特地來談他的，我要說的是這件事所蘊含的教訓。

「各位親愛的市民，」他一聽到自己的聲音，兩手就開始搖擺，雙膝開始顫抖，接下來是全身發抖。他又是咳嗽又是喘氣，然後又看看演講稿，再度開口說：「各位親愛的市民，我們……呃……我們……呃……我們……呃……我們很高興……我們很高興……我們很高興……歡迎這些英勇參戰的……不畏流血的……戰士回到他們的……回到他們的故鄉。我們尤其……我們尤其……我們尤其……我們尤其高興，在今天看到跟我們在一起的，還有一位年輕的英雄（指的就是我）……這位年輕的英雄，在想像中（朋友，記住，他確實是說「在想像中」，因爲如果他不是這樣說，我就不會自大到要特別提到這件事了）……這位年輕的英雄，在想像中，我們曾經率領了……我們曾經看到他率領部隊與敵人進行殊死搏擊。我們看到他那把閃……他那把閃亮……我們看到他那把閃亮的……他那把閃亮的佩劍……在陽光下發出耀眼的光芒，他對著他的部隊大叫，

『衝鋒！』」

哦，天呀，天呀，天呀！這位好心的老頭子對戰爭太不了解了。只要他懂一點戰爭，就會知道一個事實：步兵軍官在危險關頭跑到部屬前面是極大的錯誤。我竟敢拿著在陽光下閃閃發光的指揮刀，對部屬大叫：「衝鋒！」我從來沒有這樣做過。你想，我會跑到最前面，被前面的敵人和後面的己方部隊夾擊嗎？軍官不應該跑到那地方。在眞實的戰鬥中，軍官的位置就在士兵後面。由於我是參謀，所以當叛軍從林中衝出，四面八方向我方攻來時，我總是要騎著馬對我方軍隊一路叫喊：「軍官退後！軍官退後！」然後，每個軍官都會退到戰鬥線後面，而且軍階愈高的人退得愈遠。這不是因爲他沒有勇氣，而是因爲做戰的規則就是這樣。如果將軍跑到前線，而且被打死了，這場仗也就必輸無疑，因爲整個作戰計劃都在他的腦中，他必須處在絕對安全的地方。

我居然會拿著「那把在陽光下閃閃發光的佩劍」。啊！那天坐在市政府廳的士兵當中，有人曾以死來保護我這名半大不小的軍官，有人背著我橫渡極深的河流。還有些人並不在場，因爲他們爲國捐軀了。演講的人也曾提到他們，但他們並未受到注意，雖然他們爲國犧牲，爲了他們認爲正確的信仰犧牲了生命。然而眞正爲國犧牲的人卻沒有受到注意，我這個小男孩卻被說成當時的英雄。

我爲什麼被當作英雄？很簡單，因爲那位演講者也掉進同樣愚蠢的陷阱。這個小男孩是軍官，其他的人只是士兵。我從這裡得到了一個終生難忘的教訓。**一個人之所以偉大，並不是因爲他擁有某種官銜。他之所以偉大，是因爲他以些微的工具創下大業，以默默無名的平民身分完成了人生目標。這才是眞正的偉大。**

個人只要能向大眾提供寬敞的街道、舒適的住宅、優雅的學校、莊嚴的教堂、眞誠的訓誡、眞心的幸福，只要他能得到當地居民的感謝，無論他去到哪裡，都是偉大的。但如果他不被當地居民所感謝，那麼不管他去到地球的哪個角落，都不會是個偉大的人。

「我們是在有意義的行動中活著，而不是歲月；我們是在感覺中活著，而不是電話按鍵上的數字；我們是在思想中活著，而不是空氣；我們應該在正確的目標下，以心臟的跳動來計算時間。」名作家貝利說：「思考最多的人，生活過得最充實。」

如果你忘記我今晚所說的話，請不要忘記這一點，因為這短短的幾句話所包含的意義和道理，遠遠超過我今晚所說的全部話語。貝利說：

「思考最多、感覺最高貴、行為也最正當的人，生活也過得最充實。」

後記

我的故事

The Story Of Russell Conwell

一部自傳！這是多麼奢侈的要求！除非內容都很可信，不然有關我的生平的故事是不可能有趣的。似乎沒有人願意去閱讀這麼蒼白、單調的故事。在這裡，我看不到有任何值得誇耀的東西，也看不到什麼對人有幫助的內容。我從未刻意去收集與我工作有關的文章、書籍、講稿、評論或報導、雜誌專欄，雖然其中有許多都可以在我的圖書室裡找到。我也曾經感覺到，那些對我的生活有興趣的作者都太寬容，而我的工作又太草率。但是，除了這顆負擔過重的腦袋有我所有的記憶之外，我實在沒有什麼可以用來寫自傳的。

回顧我半世紀來在演講台上的生涯，裡面有許多珍貴美好的記憶，令我由衷地感謝人們給我的祝福與善意，那遠遠超過我應得的。我所獲得的成功比我所期待的多更多，我所發現的財富也比年輕人熱切的夢想多，而我微薄的努力所帶來的效益更比我所計劃或預期得高。事實上，我所寫的傳記大部分都是敘述人們多支持我。

我親眼見證了我的成就，那遠遠超過了我最高的雄心。我常常感覺到，我的事業在一千隻強而有力的手的推動下，快速地在我身邊前進，甚至把我遠拋在後。現實對我來說就像一場夢。祝福那些充滿愛心、思想高尚的人吧，他們爲了別人的利益寧可犧牲自己，從不計較個人的得失。他們有許多人已登上光明之境，剩下我獨自在年老中默默凝視——只能一味地等待，直到影子逐漸變長。

五十年！當我第一次在台上演講時，我還是個年輕人，一點都不老。在一八六一年到一八六五年的內戰期間，我心懷著激情、愛國情操，以及焦慮與恐懼，在耶魯大學唸法律。打從童年時，我就渴望當牧師。我心中最早的記憶就是我父親在伯克群山漢普群高地的小村莊所做的家庭禱告，他以一種嗚咽的聲音呼喚上帝，讓我對救世主做一些特殊的貢獻。當時，我的心中充滿了敬畏、憂慮和恐懼，直到我決定要用全部的力量去戰勝它，才得以從那種想法中解脫出來。我從此以各種充分的理由爲藉口去選擇其他的職業，只要不是當傳教士，做什麼事都可以。

然而，當我面對同學發言而感到緊張、害羞，當我害怕面對觀眾時，我內心會有一種奇怪的衝動，想要去實行多年來令我感到痛苦的演講心願。戰爭和爲新兵上課讓我被壓抑的責任感有機會發洩。我的第一篇演講是「歷史的教訓」，是爲了聯邦戰役之用。

約翰・高是位無可匹敵的演說家，也是我可敬的朋友，他在一八六二年把我介紹給馬薩塞西城的小觀眾。那是一場由小男生所做的演講。雖然內容十分愚蠢，但是，高先生溫和的讚詞、觀眾的鮮花和掌聲，使我感覺到，無論如何，公眾演講並不如我想像中的那般困難。

從那以後，我就遵循高先生的建議，接受我所收到的每一次邀請，談論各式各樣的話題，盡可能的「練習」。其中也有許多失敗和淚水，但是我開始慢慢向牧師的職業妥協，這讓我的朋友很高興。我的演說範圍包括野餐、主日學、愛國集會、葬禮、週年紀念、畢業典禮、辯論會、牛隻展覽會、縫紉圈。沒有偏愛的主題，也沒有任何酬金。最初的五年，我的收入就是從中取得的經驗。後來，我偶爾會收到聽眾主動給的禮物，例如一把傑克刀、一條火腿、或是一本書。第一筆酬金來自一個農夫俱樂部，共計七十五美元，我當時的演講題目是「馬租」。很奇妙的是，那個俱樂部有一個成員後來搬到鹽湖城，成爲摩門教會委員會的成員。當時是一八六七年，我還是名記者，正在做環球旅行，恰好被這個摩門教會請去。我在那裡演講的題目是「山脈上的英雄」，當時的酬金是五百美元。

我在最初的幾年練習演講時，有幸被聘去擔任戰士、通訊員、律師、編輯、牧師等各種有益社會的職業，使我能夠負擔自己的開支。這五十年來，我很少將錢用在自己的花費，我將所有的演講收入都捐獻給慈善事業。如果我的年紀已經大到足以寫一篇自傳，那麼，如果我說，多年來，我每年演講「鑽石就在你身邊」這篇稿子兩百多次，每次演講的平均收入是一百五十美元，或許我也年老得足以免於被批評太過於自大。

當詹姆斯．瑞帕思先生設立第一座演講廳，作爲一名演講者，讓我覺得非常榮幸。瑞帕思先生是著名的豎琴演奏家約翰．布朗先生的傳記作者。由於布朗先生是我父親的好友，我在學生時代，就在假期裡靠著賣約翰．布朗的傳記賺錢。我與瑞帕思先生的交情維繫了一輩子。至於查爾斯．泰勒上校，我和他當時都是波士頓旅行者週刊的記者，我十分感激他給予我自我犧牲精神的友誼。我每次憶起這一點時，內心就會感到陣陣溫暖。最令我欣喜的是，他把我推薦給瑞帕思先生，宣稱我在那些「無法獲得偉大見解的地方」，將眞知「注入每一個小鎮的空虛所在」。

瑞帕思先生的早期演講者名單中，有一些非常亮麗偉大的名字，像是亨利．伍德、貝克．約翰．高、參議員查爾斯．薩納、西奧多．蒂爾頓、萬德．菲利普斯、瑪麗．利物壽夫人、巴亞德．泰勒、拉爾夫．沃爾多．愛默生等等，都是那個光輝時代的偉大牧師、音樂家或作家。裡面甚至包括了豪默斯博士、約翰．威梯、亨利．朗凡勞、約翰．勞斯羅普．莫特利、喬治．威廉．科梯思，伯恩塞德上校也曾被請來一次或數次，儘管拒絕任何報酬。我無法忘記當我的名字出現在這些人之中時，我是多麼的不好意思。我很確信，每一個認識我的人都在背後嘲笑我。然而，巴亞德．泰勒先生卻寄給我一封友好包容的信，他說他非常喜歡我演講的「偉大的價值之路」。麻薩諸塞的克來福林市長也花時間寫信祝賀我。而由於本傑明．巴特上校的建議，我才會堅守到最後，成為優秀的律師。

演講的工作經常是一項任務、一種職責。在這份工作上，我並不認為我曾努力去成為表演者。我深信，若不是我心中有著一個信念，一定要**在演講中傳播人生道理**，我一定是個失敗的演說者。當我在一八七九年當上牧師時，就已經與演講台非常融洽了，因此不會覺得放棄這樣一個偉大而有價值的領域是適當的。

我所有成功的演說經歷都十分類似，道路總是那麼不平坦。但是崎嶇的道路、破舊的旅館、誤點的火車、寒冷的大廳、炎熱的教會禮堂、委員會的過度熱情、被打斷的夢鄉……都是很快就會忘記的煩惱，而許許多多睿智的面孔、感謝的呼聲、給予年輕大學生的資助，卻每天帶給我歡樂。

我常常被問到，五十年來乘坐了各式各樣的交通工具，是否遭遇過事故。確實這類事情從未帶給我任何傷害，對我來說，這無疑是個奇蹟。有二十七年的時間，我連續不斷地每三天就做兩次演講，卻沒有錯過一次約定。有時，我不得不租用專車，但幾乎都能按時抵達，除了極特殊的情況，而那也只會晚到幾分鐘。火車與輪船上的事故都曾在我抵達前或離開之後發生，我甚至親眼目睹過。但是這些年來，我從未受到過任何傷害。在約翰鎮的洪水區，我曾看到一座橋在我乘坐的列車後方塌陷。有一次，在大西洋一艘廢棄的汽船上，我停留了二十六天。還有一次，一名男子被殺死在臥鋪上，而就在半小時前，我才剛剛從這個鋪位上離開。我常常會感覺到火車離開了軌道，但是所有人都平安無事。我的生命也曾多次受到歹徒的威脅，但最後我都沒有遭受任何損失。

然而，這段演講的時期畢竟是次要的。許多年來，費城的教會在人數還不到三千名的時候，就每年捐獻六萬美元來宣揚人道主義精神。這確實相當令人驚奇。慈善醫院擴張的速度驚人，閣樓醫院的藥房也一直在收容生病、窮苦的人，每年都要使用高超的技術來幫助成百上千名求助的人。我在演講之外，也深深感覺到，他們每一小時、每一分鐘都在眞誠地行善。坦普（Temple）大學在二十七年前才建立，現在已有高度的發展，許多尊貴的生命在這兒成長——將近十萬名青年男女在這所學校獲得良好的教育。這所信譽良好、具有自我犧牲精神的學校，現在已有兩百五十三名教授，都在兢兢業業地工作。對於這一點，我必須在此給予肯定，而所以要提到這所學校，也是因爲想要表明：我「五十年的講台經歷」是我業餘的成果。

我最爲人所熟知的演講「鑽石就在你身邊」是源於一次偶然的演說。最早的那一次是在與內戰時期的麻州第四十六兵團老戰友（當時我是陸軍上校）聚會時作的。我從未想過會再演講這個題目，甚至在演講委員會提出這個要求時，我也沒有預料到此後會沒完沒了地講，就像現在我已經做的那樣，大約演說了五千次。「這個題目如此受人歡迎的祕密是什麼?」我永遠無法對自己或其他人提出解答。我總是盡量隨遇而安，並持有這個觀念：**這是個行善的機會**。我會使自己對每一個社團產生興趣，並用當地熟悉的例子來闡述我那則普遍的原理。

按照自然的原理，現在執筆的這隻手很快就會停止它的功能。我眞摯且虔誠地希望，這本書會在今後繼續爲人類大家族的兄弟姐妹帶來幫助。

魯塞・康維爾

麻州，南華盛頓一九一三年九月一日

延伸閱讀

發現你的鑽石人生

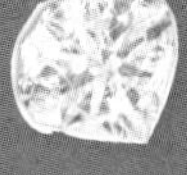

發現你的鑽石人生

王淑華

精采的故事來自生活閱歷

魯爾．康維爾（Russell H. Conwell,1843 — 1925），生於美國麻州，死後葬在賓州。他是一位律師、作家、牧師、教育家以及傑出演說家。他曾參加美國內戰，後來當過記者，擔任浸信會牧師，在賓州創辦坦普大學並且擔任校長。康維爾一生閱歷豐富生活精采，有許多生活化以及平凡主角的小故事。不過，這些故事眞實卻寓意深遠。

有一則故事敘述康維爾當牧師的緣起，原來有個人寫了本聖書在街頭發放，有位年輕人拿到書，閱讀之後立志當了牧師。他也寫了本聖書，感動一名叫貝克斯特年輕人。碰巧貝克斯特也當了牧師，貝克斯特的作品感動一位青年威廉。威廉後來當上英國國會議員，四處奔走力倡廢奴，一八三二年廢奴法案終於通過。後來康維爾拜讀威廉寫的著作，堅定當一位牧師，日後也創辦坦普浸信教堂。

「服務」爲一生的職志

康維爾擔任牧師就此改變他的一生，許多人慕名他的講道，一八八二年，康維爾在費城新成立浸信會做了第一次演講。之後每次講道受到信眾熱烈歡迎，直到一八九一年康維爾在此做了最後一次演講。教會在康維爾領導下提升身心靈的豐足，信眾增加不少，因此康維爾寫信要求高層提供更大空間的建築。高層同意興建，一八八七年，建設新教堂的費用竟來自一名叫Hatty May Wiatt小女孩捐贈的57分錢。

原來，有次康維爾要進教堂時，發現Hatty沒上主日學校，她站在外頭哭泣，康維爾問她：爲什麼哭呢？她說：裡頭空間太擠，沒法容納她。康維爾聽了小女孩的話，立刻把小女孩放他肩上，穿過擁擠人群進到教堂。之後Hatty開始存下每分錢，籌措新教堂的費用。小女孩只存57分錢，就因白日咳過世。小女孩的父母把錢當面給了康維爾，並且告知小女孩存錢的理由。康維爾深受小女孩的善舉感動，不時演說這則故事。然而，故事之後的精彩發展，就是它被當地報紙刊載，恰好感動了一名建商，他象徵性收取小女孩捐贈的57分錢興建教堂。小女孩的夢終於成眞，教堂自此不再狹窄。

寶藏無所不在

很會敘說的康維爾，除了以上的兩則小故事，有個故事他已講了約六千次，那就是〈鑽石就在你身邊〉。有次康維爾出遊兩河流域，無聊之餘埃及導遊說了一則有趣的事：有名年輕人散盡家產跋山涉水只爲找鑽石，沒想到閃亮的鑽石就埋在自家後院。聽到這則故事，康維爾心有戚戚焉，領略其中的含意。康維爾自此對眾人侃侃而談，原來不只鑽石，連煤油、黃金的確離當事人住家不遠的實例。看來寶藏無處不在，每個人不需千里迢迢尋找，因爲這些寶藏就在你眼前，只是大家忽略而已。寶藏確實很耀眼，可是有種東西比它更貴重而且難以估價，那就是屬於自己的人生。

從小我們就被灌輸聖賢忠烈、句踐嘗膽或是懸椎刺股的痛楚，大家試著努力當隻往上游的魚兒。即使偶爾聽聞華盛頓砍倒櫻桃樹；富蘭克林暴風雨中放風箏；牛頓被蘋果砸到的趣聞，我們還是以名人或偉人爲榜樣，以爲他們才是鑽石。長大後，多少人立志效仿名望的科學家，否則就當個有錢的科技新貴也好。直到現在，我們成不了偉人，頭頂依然冠上一大堆名人或英雄的臆想，自認他們才是亮晶晶鑽石的象徵啊！

偉大可以很簡單

可是康維爾以〈鑽石就在你身邊〉說了一個簡單的道理：「是因為他以些微的工具創下大業，以默默無名的平民身分完成了人生目標。這才是眞正的偉大。」康維爾的話正好詮釋小人物可以成爲大英雄，偉大也可以很簡單的道理。既然每個人自身就是一顆鑽石，我們何必要往外頭尋找呢？**平凡事物找到不凡價值就成一種獨特**，所以楓糖塊會比楓樹汁來的有價值。只要發揮每個人的巧思，一定可找到屬於你的鑽石。說得的確很簡單，可是我們太慣於被常理受限，被自身成見、短淺視野，以及既有知識綑綁。

康維爾說成功一點都不難，只要了解什麼是常識，他說：「**我們必須先知道這個世界需要什麼，然後才去投資。只要提供給世人所需要的東西，成功必然到來。**」多麼簡單的道理。眼光太高，看不見他人需要，身旁鑽石不發亮，當然找不到所在！

圖1&圖2：魯爾・康維爾長眠之地&墓碑。(圖片by：GraveGirl)

圖3：魯爾・康維爾的畫像。

國家圖書館出版品預行編目資料

鑽石就在你身邊 / 魯塞．康維爾 (Russell H. Conwell) 著；李毓文譯．——初版．——
臺中市：晨星，2008.11
面；　公分．——（一分鐘成功；02）
譯自：Acres of diamonds
ISBN 978-986-177-243-1(平裝)

1. 成功法

177.2　　97020851

一分鐘成功 02

鑽石就在你身邊

作者	魯 塞 · 康 維 爾
譯者	李 毓 文
編輯	楊 曉 瑩
校對	王 淑 華 、 楊 曉 瑩
美術編輯	謝 靜 宜
發行人	陳銘民
發行所	晨星出版有限公司 台中市工業區 30 路 1 號 TEL：04-23595820　Fax：04-23597123 E-mail: morning@morningstar.com.tw http://www.morningstar.com.tw 行政院新聞局局版台業字第 2500 號
法律顧問	甘龍強律師
承製	知己圖書股份有限公司　TEL：（04）23581803
初版	西元 2008 年 11 月 30 日
總經銷	知己圖書股份有限公司 郵政劃撥： 15060393 （台北公司）台北市 106 羅斯福路二段 95 號 4F 之 3 TEL：（02）23672044　FAX：（02）23635741 （台中公司）台中市 407 工業區 30 路 1 號 TEL：（04）23595819　FAX：（04）23597123

定價 180 元
（缺頁或破損的書，請寄回更換）
ISBN 978-986-177-243-1
Published by Morningstar Publishing Inc.
Printed in Taiwan

幽默大師◎賴淑惠 最新力作

好人緣，才有好財源！

《好人脈創造好錢脈》

好人脈帶來好錢脈！

只要學會「人脈經營」這門藝術，就能輕鬆為自己的人生累積財富和快樂。

定價 200 元

《幽默智慧好錢途》

經濟不景氣，幽默不可以縮小；透過本書洗禮，每天微笑，一起鉤住人生的金元寶！

定價 230 元

《幽默口才成功學》

幽默不是天生的，但可以不斷地透過學習、訓練、吸收來達成！

定價 200 元

＊ 歡迎政府機關、企業界、學校、社團邀約演講，來場心靈饗宴！

◆讀者回函卡◆

以下資料或許太過繁瑣，但卻是我們瞭解您的唯一途徑

誠摯期待能與您在下一本書中相逢，讓我們一起從閱讀中尋找樂趣吧！

姓名：__________________ 性別：□男 □女 生日： / /

教育程度：______________

職業：□學生 □教師 □內勤職員 □家庭主婦

□SOHO族 □企業主管 □服務業 □製造業

□醫藥護理 □軍警 □資訊業 □銷售業務

□其他 ____________________

E-mail：______________________________ 聯絡電話：__________________

聯絡地址：□□□ ____

購買書名：鑽石就在你身邊

・**本書中最吸引您的是哪一篇文章或哪一段話呢**？__________________________

・**誘使您購買此書的原因**？

□於 ________ 書店尋找新知時 □看 ________ 報時瞄到 □受海報或文案吸引

□翻閱 ________ 雜誌時 □親朋好友拍胸脯保證 □ ________ 電台 DJ 熱情推薦

□其他編輯萬萬想不到的過程：____

・**對於本書的評分**？（請填代號：1. 很滿意 2. OK 啦！ 3. 尚可 4. 需改進）

封面設計 _________ 版面編排 _________ 內容 _________ 文／譯筆 _________

・**美好的事物、聲音或影像都很吸引人，但究竟是怎樣的書最能吸引您呢**？

□價格殺紅眼的書 □內容符合需求 □贈品大碗又滿意 □我誓死效忠此作者

□晨星出版，必屬佳作！ □千里相逢，即是有緣 □其他原因，請務必告訴我們！

____

・**您與眾不同的閱讀品味，也請務必與我們分享**：

□哲學 □心理學 □宗教 □自然生態 □流行趨勢 □醫療保健

□財經企管 □史地 □傳記 □文學 □散文 □原住民

□小說 □親子叢書 □休閒旅遊 □其他 __________________________

以上問題想必耗去您不少心力，爲免這份心血白費

請務必將此回函郵寄回本社，或傳眞至（04）2359-7123，感謝！

若行有餘力，也請不吝賜教，好讓我們可以出版更多更好的書！

・**其他意見**：

晨星出版有限公司 編輯群，感謝您！

請填妥後對折裝訂，直接投郵即可，免貼郵票。

廣告回函
台灣中區郵政管理局
登記證第 267 號
免貼郵票

407
台中市工業區 30 路 1 號
晨星出版有限公司

請沿虛線摺下裝訂，謝謝！

更方便的購書方式：

(1) 網站：http://www.morningstar.com.tw
(2) 郵政劃撥帳號：15060393
戶名：知己圖書股份有限公司
請於通信欄中註明欲購買之書名及數量
(3) 電話訂購：如為大量團購可直接撥客服專線洽詢

◎ 如需詳細書目可上網查詢或來電索取。
◎ 客服專線：04-23595819#230 傳真：04-23597123
◎ 客戶信箱：service@morningstar.com.tw